# WEDNESDAY
## WORD SEARCH

### AN UNOFFICIAL ACTIVITY BOOK

ULYSSES PRESS

Published by:
ULYSSES PRESS
PO Box 3440
Berkeley, CA 94703
www.ulyssespress.com

ISBN: 978-1-64604-658-4

Printed in the United States by Sheridan Books Minnesota
10 9 8 7 6 5 4 3 2 1

Project editor: Shelona Belfon
Managing editor: Claire Chun
Proofreader: Barbara Schultz
Layout: Winnie Liu

# INSTRUCTIONS

On each page, a list of words will be provided to you. Your task is to find each word in the puzzle by circling it when you find it and crossing it off the list. Keep in mind that the words can be found in any direction: forward, backward, up, down, or diagonal. Here's an example to get you started. Good luck!

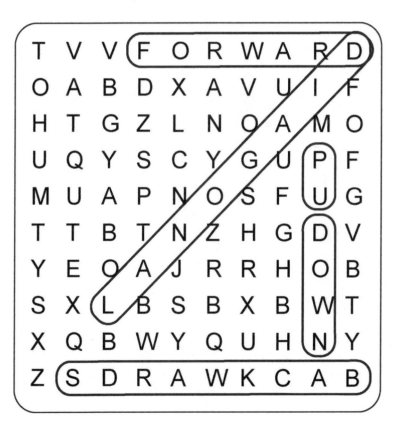

```
D I I N L W R R I I J C F F S A S T F
T M C N C Y U Q S U X X Z D U Q Y P R
B C Y R X S E V C M E X B Y O H D H V
Y I I V G B A D E A Z R Q R Z D T W C
M J E H C T I G X R J Q E K N C E F S
C O N O C B G D N K B R Q T H V U S L
W O H I R Y C H U I U A W T F J E Y N
J R L O I P S J W T K Y C B T R K J T
X U M O F M B P R G K N T A D X C M N
F O T E R R G O K N K R I K M V D I M
P U P N H A T J G J U R C L A X W B O
P W B V E U L D G Z S A A B B O S D N
I U V R F V X L U O L G H E B N E E O
F A G G F E A E E B T K Y S I C U X C
M E U N F O H R R R E H S W Q H I R H
C U K E G L P P P O G O I W N Z U I R
L C R A U L S X M Z R I O C A P Y M O
N G L M P Y K D K C A S C C O Q F T M
B G H V S L I A T G I P P K B L G Y E
J B L U M U D G U C E N I F B T Q J K
K S A R C A S T I C D E A D P A N X E
```

## WORD LIST

| | | |
|---|---|---|
| BLACK DRESS | MACABRE | RAVEN |
| COLOR ALLERGIC | MONOCHROME | SARCASTIC |
| CROSSBOW | MORBID | TORTURER |
| DEADPAN | PIGTAILS | UNBLINKING |
| GOTHIC | PSYCHIC | WOE |

```
S O H D I L B N P M A W S I G G H K Z
X D D W H R X A O J K H C E H E R Z K
A E X P E R T F E N C E R N R O Z N A
V F E M M E F A T A L E Y X L R M P N
D Y D B C K T H X C Z V E B P H R C K
W D C P L T P N D Y G A R I Z O P Y R
T Z L Q G A L Y W K X W N J M B S L K
M K D L P F C K Q W E S P U G E H U Y
L E S X E V V K Y V S T H N M V P K Z
H W C P C Z A L D A C K K U S O T P Z
H X F N T G R M I R R Z A I T D U B H
F S D E A E C C P A E R Y R F T N B U
B Q P Z H G I K D I B S A L A Z L B Z
B J U T Q T E I C A R T S Z R A F F Y
R R O E R M N L L H U I P A C M I W Z
G M H O R M H E E Z J Z C I M E V A O
H N M O B I D S E D U C T I V E D O E
U L D L A N D E F W C S Z N H O G B R
V V B L A J P A D E Y V P O E A M P W
Z K G C G M J Y H M H T W D D G E L U
S O X O J V C U T C A R A M I A L V M
```

## WORD LIST

| | | |
|---|---|---|
| BLACK DRESS | ELEGANCE | MYSTICAL |
| CANDELABRA | EXPERT FENCER | QUERIDA |
| CARA MIA | FEMME FATALE | SCRYER |
| DARK HUMOR | MORTICIA'S SNIP | SEDUCTIVE |
| DOVE | MOTHERLY | VAMPIRIC |

# LURCH

```
U  R  E  P  E  E  K  E  V  A  R  G  C  C  K  F  V  L  V
S  G  L  O  O  M  Y  P  A  H  R  C  Q  Z  V  C  Z  E  Y
Z  W  U  P  W  M  V  F  P  K  O  Y  R  X  T  B  A  L  I
X  B  F  K  K  P  I  Z  J  S  T  W  U  E  A  I  P  L  Z
R  E  V  I  T  C  E  T  O  R  P  T  L  Q  L  N  G  O  A
H  Y  J  S  K  I  K  U  I  I  X  M  D  V  L  A  L  X  E
G  L  L  G  F  E  T  H  R  F  S  S  R  X  I  R  Z  F  K
P  V  T  U  V  R  F  I  E  H  U  G  E  H  I  T  F  K  B
B  T  S  G  I  S  A  N  C  O  G  U  V  B  V  I  F  S  F
F  O  F  V  Q  X  N  N  I  C  O  C  Y  Y  C  C  B  M  O
L  F  H  K  B  N  N  C  K  O  J  T  M  I  B  U  N  E  U
N  Y  U  V  P  U  A  X  I  E  L  X  E  S  S  L  O  N  F
P  X  X  I  H  V  T  P  Y  W  N  N  W  D  I  A  U  A  B
D  I  E  A  I  I  A  L  G  P  T  S  E  X  M  T  G  C  K
H  Q  M  V  A  D  P  N  E  E  R  P  T  R  W  E  J  I  R
L  J  S  F  Q  W  I  A  D  R  P  Z  Q  E  C  T  S  N  K
C  S  H  Y  F  N  G  I  F  B  C  S  C  V  I  Q  A  G  G
D  L  B  L  A  V  D  E  D  I  C  A  T  I  O  N  E  T  J
M  B  C  O  M  D  M  S  U  J  M  O  N  R  O  U  K  W  L
A  Y  R  E  Z  O  K  W  E  U  W  T  Z  D  V  K  C  B  Y
W  G  K  Z  U  F  O  R  E  B  O  D  I  N  G  X  R  O  S
```

## WORD LIST

| | | |
|---|---|---|
| BUTLER | FRANKENSTEIN | MENACING |
| DEDICATION | GLOOMY | PROTECTIVE |
| DRIVER | GRAVEKEEPER | TALL |
| EFFICIENT | GROANING | VIRTUOSO |
| FOREBODING | INARTICULATE | VIVACIOUS |

# THING

```
S D H K Q Y U A I R B B O J X R Y D K
V V G J F D L L O C N Y V A C H T E I
X J H K W F A S T N E I D E B O S R G
D V E H U Y W V H S R U I Y G F Y R L
U E W W O N U C W D I I P L D M Z A U
P B I L B C L D N U D S D V I J Q C P
X T K D L T S A D J S I K R I W W S S
I H V F O E H E E P X I N I G Y A L L
D I M K G B V J C W A M L C H V X T F
A N U T T C M I X R M N V E F E O N U
P G Q F Y I E E T D E Z T V N S R F O
R S X N H A F V S A W T A O G T Q P E
C B E B J K L I S I C B I J M A P V P
I O I A K L H S Y H D I H V M I I X I
T X O B D A Z S C X W H N P E T M V A
A N J Q U T C E B K W T U U R R Q E Q
M V S M X V H R O E K T X O M W C C I
G D O Z W K O P T Y A X P A C M N A H
I Z E T H J E X X T Y P G G Z K O B Z
N G H B S A D E E I U O H S Z C E C L
E K J E N O T D A S C P M F C Q A Q R
```

## WORD LIST

| | | |
|---|---|---|
| AMPUTATED | HAND | SECRETIVE |
| COMMUNICATIVE | LOYAL | SILENT |
| DISEMBODIED | OBEDIENT | SPY |
| ENIGMATIC | PANTOMIME | SUPPORTIVE |
| EXPRESSIVE | SCARRED | THING'S BOX |

11

# ITTS

```
D D B H I W Y Q O P R G I G G L E S X
E S C V G L C D G N Z V T P G S U X L
D E O N N C A Z O U E L V U Y E I T A
L V U S A I A G F M U W B N G A J B V
U O S Z T Z J V U F O T A N B I W Z V
X L I M I D R S Y Q N Z A S O N O L L
V G N W U J E A U E F R D E O J V X H
R D I C S K L K R O T U U F Z S U A R
H I T T N P R W H S V K N W U T S U N
P J T G B G R P I D N E E N R P M V U
F P Q G P Y Y V O Q F X I B Y Z F L D
Q S Q S S T Y H X X C W O H S R A T T
D T H G H Z A T S B Z W G S C Y D V J
H H G F U I J L M U L X J B O S Y B Y
W V K N R O L C V E Q H C L U R I S F
R Q B Y W A W T R O I S P V P H V M G
Y T F Z B U A H U F U R R Y G J O M D
K I S E T E A W W W E I R J R H W O N
S H Y M M T S U N G L A S S E S C Q V
S E T W U E P D K P U I N T Q J G H R
E R X M O C W M X T Y L D T H Q R N U
```

## WORD LIST

| | | |
|---|---|---|
| BOWLER HAT | GIGGLES | MISCHIEVOUS |
| COUSIN ITT | GLOVES | PLAYFUL |
| EYEBALLS | HAIRY | STRANGE |
| FUNNY | IGNATIUS | SUNGLASSES |
| FURRY | LOYAL | ZANY |

```
F  V  T  K  K  F  U  F  R  Q  E  T  D  N  M  Y  S  Z  A
E  P  C  T  Z  O  E  P  W  K  G  I  A  U  B  J  G  P  D
H  D  R  G  U  Z  Z  E  F  B  A  I  W  K  L  K  B  R  H
W  G  C  N  B  P  A  I  B  U  L  D  F  K  S  S  T  M  S
Q  Z  E  I  C  J  U  H  H  I  S  D  I  A  N  G  M  B  O
I  P  A  M  B  I  K  O  T  Y  G  P  D  I  I  K  U  D  G
P  T  H  R  X  P  T  S  S  P  B  E  A  M  O  M  G  Q  P
N  I  M  A  X  V  A  S  P  I  A  R  M  C  I  M  M  E  H
W  E  W  H  F  C  I  Z  A  J  T  R  C  E  F  E  P  S  A
S  U  Q  C  M  C  O  F  N  I  P  L  Z  H  O  G  I  Y  K
M  U  S  T  A  C  H  E  S  D  S  C  H  B  D  N  N  L  B
F  M  G  U  L  C  S  P  R  U  X  U  Y  V  A  C  O  N  K
F  A  V  C  L  C  N  E  E  H  D  K  H  P  E  E  L  A  C
W  H  T  S  U  O  N  I  G  V  P  E  S  T  X  M  D  M  F
A  S  D  H  R  L  A  R  N  W  I  L  T  P  N  X  O  S  C
A  P  I  X  E  A  T  D  I  I  M  S  A  O  P  E  D  D  X
P  O  O  Y  C  R  G  U  F  G  T  F  L  Y  V  X  Y  R  W
C  F  W  C  Y  G  L  I  R  N  U  M  Z  U  F  E  G  O  O
D  R  H  I  Q  W  I  Y  C  E  D  E  D  A  P  U  D  W  Y
P  U  B  Q  T  M  J  K  O  M  D  H  S  R  Q  M  L  S  V
J  T  R  O  M  A  N  T  I  C  P  W  Q  M  T  W  I  A  H
```

## WORD LIST

| | | |
|---|---|---|
| CASTILIAN | ENTHUSIASTIC | PLAYFUL |
| CHARMING | FATHERLY | ROMANTIC |
| CIGARS | FINGER SNAPS | SPANISH |
| CULTURED | IMPULSIVE | SWORDSMAN |
| DEVOTED | MUSTACHE | TRAINS |

15

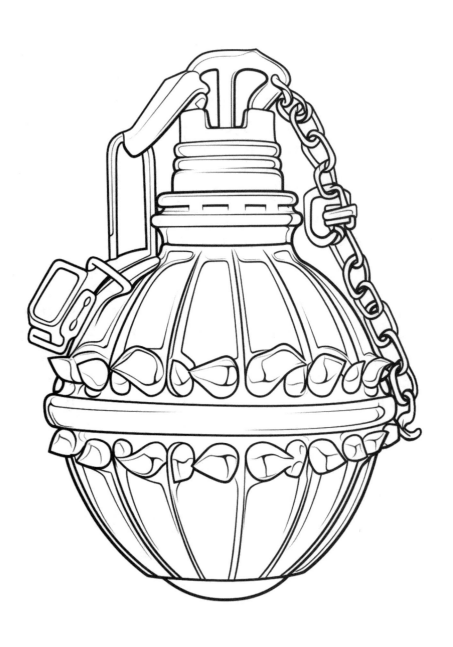

```
T  J  F  Q  N  E  T  B  P  V  J  Z  P  O  I  V  B  P  D
M  M  L  W  G  Q  B  R  O  A  D  G  R  I  N  X  V  B  E
E  O  M  F  I  S  H  I  N  G  P  D  N  G  J  Y  C  F  L
S  D  G  Z  P  W  G  C  S  R  L  G  W  A  C  Q  X  A  W
U  L  D  E  S  S  J  K  H  J  X  O  D  W  L  S  J  D  S
O  C  Z  Y  C  W  N  R  A  A  W  R  Z  R  A  U  H  V  O
V  V  N  M  N  B  E  O  K  I  O  M  P  G  Z  O  D  E  G
E  S  N  X  S  A  R  E  N  N  F  T  L  M  G  R  N  N  W
I  I  U  S  M  O  M  J  T  N  S  G  I  T  L  E  J  T  O
H  A  W  P  T  G  M  I  B  T  A  F  V  C  K  T  J  U  X
C  Y  V  U  W  S  Z  L  T  W  O  C  Y  D  F  S  D  R  H
S  U  N  W  U  L  D  A  F  E  J  O  C  J  W  I  J  O  W
I  D  B  Q  X  U  V  I  Y  X  Q  Z  T  W  I  O  I  U  U
M  Q  H  T  L  F  Q  V  Z  Y  W  I  U  H  C  B  G  S  Z
M  Y  J  E  Q  D  R  O  F  Q  I  X  C  K  K  N  R  M  V
X  S  U  Q  F  L  Z  J  O  U  A  W  D  P  E  S  E  X  Y
M  N  A  A  O  T  W  E  Y  Q  U  L  F  M  D  S  N  M  L
J  E  L  B  I  W  N  N  T  L  E  A  S  B  K  B  A  A  L
P  Z  G  N  E  X  P  L  O  S  I  V  E  S  Q  J  D  U  M
M  Y  E  O  Q  B  A  G  U  I  N  E  A  P  I  G  E  H  A
L  Q  H  N  U  G  P  K  Q  B  P  D  H  S  W  P  S  I  J
```

## WORD LIST

| | | |
|---|---|---|
| ADVENTUROUS | DYNAMITE | JOVIAL |
| BOISTEROUS | EXPLOSIVES | MISCHIEVOUS |
| BROAD GRIN | FISHING | ROTUND |
| CANNONS | GRENADES | SWEET TOOTH |
| CHAOTIC | GUINEA PIG | WICKED |

```
Z W Y W F F H R L K H F O U E F N D Q
V O S X R A P I T H D P A T I E N T D
V C F A N R K B W S R N K I O F M R S
P O X J E Q E Z E I F G G C V Y E M G
C C N P D Y T T Q M J H D E L M Y M J
I A P S Z X E E A A Q J X H O L E O X
O Y S U U E S S U E P N X O O C I S J
U L U F R O L O C U K A L C A N R W E
V X B U B B L Y B Q D B C K D N T V E
M U S K G C O C W S E W S E P V I C L
B X P N L X U D D T L U P Y D T R A B
N W E E V T H N A O M E J F I J K L A
Y A N M E W Z L A K N R L U Z D E I E
I T V S P R M J N D M O T J C Q G F G
Q C Y L W A O K E A W N T S I U E O D
W H M A S U T N I E I L I N H Q Y R E
F L Y C A N T H R O P I C L J B L N L
Z U R Z H W E E E O I D A Q N N K I W
M R G G Y S W D Z T F X R V Q S Z A O
T B R R E Y M C A A I I E T X D R N N
N Q Y J W V F E P F L C A Z B I Z S K
```

## WORD LIST

| | | |
|---|---|---|
| BUBBLY | ICE HOCKEY | LYCANTHROPIC |
| CALIFORNIAN | INDEPENDENT | PATIENT |
| COLORFUL | INTUITIVE | PREPPY |
| CUTESY | KNOWLEDGEABLE | SQUEAMISH |
| EMPATHETIC | LATE-BLOOMER | WEREWOLF |

```
E  J  V  C  O  S  J  P  I  C  L  X  G  B  M  H  H  W  B
M  D  Q  U  W  G  L  X  T  V  T  N  B  X  H  C  T  X  Y
Z  S  Z  V  C  A  F  U  U  L  I  Z  T  T  S  M  S  V  M
D  Z  Q  R  H  Y  V  A  F  V  J  C  W  T  A  I  M  R  W
F  O  K  S  M  G  A  M  I  E  R  K  O  X  P  L  L  V  K
J  Q  R  P  E  Q  W  N  N  O  G  O  V  R  W  D  N  F  T
W  C  P  M  F  U  N  K  V  D  B  N  O  S  R  M  W  U  E
P  R  L  T  M  O  U  S  Y  D  C  F  E  H  R  A  W  G  U
N  V  A  W  C  O  D  Q  E  W  E  T  Q  V  I  N  S  Q  L
T  G  N  Y  M  K  M  R  G  S  A  T  O  R  Y  N  T  Y  U
Q  Q  T  D  C  N  V  T  S  G  R  H  U  F  J  E  S  J  F
S  C  E  O  S  O  G  I  L  T  Y  Y  J  R  Y  R  I  W  E
E  S  R  N  M  T  O  E  K  W  F  N  B  A  G  E  N  N  T
Z  W  O  V  Z  N  R  H  N  V  N  O  B  U  W  D  A  U  I
A  E  U  E  A  U  R  E  R  E  D  R  U  M  Q  Z  T  Q  P
Q  A  T  L  A  E  E  N  D  T  F  M  E  R  A  C  O  T  S
Q  T  F  L  C  P  E  I  Y  S  F  I  E  Z  H  Y  B  B  S
U  E  I  W  W  M  D  D  W  V  W  E  W  T  N  V  S  G  F
M  R  T  A  M  A  A  D  I  N  R  A  Z  B  M  K  S  Y  R
F  S  S  M  E  T  I  C  U  L  O  U  S  R  T  S  F  Y  B
V  C  O  D  C  N  J  D  C  M  D  E  C  E  P  T  I  V  E
```

## WORD LIST

| | | |
|---|---|---|
| BOTANIST | METICULOUS | PROFESSIONAL |
| CONNIVING | MILD-MANNERED | RED BOOTS |
| DECEPTIVE | MURDERER | SPITEFUL |
| DORM MOM | NORMIE | SWEATERS |
| LAUREL GATES | PLANTER OUTFITS | VENGEFUL |

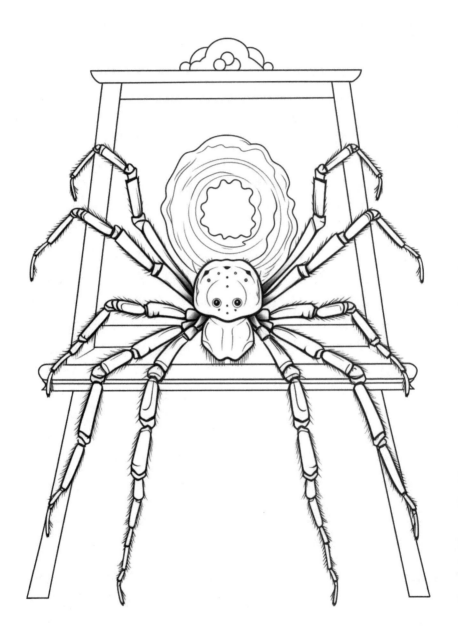

```
W R C S P Q B R U Y H R E Q C J H X R
D E G I Z L Y C K D O A R N P I M P E
Z L W Y H Y R A W T I N L E T Y O J D
C I O Q F C A M A S G I D Z H H V P A
H A N I L X Y M G M K Y P T S C R Y E
A B S G K X I S I V O V V K L G R I L
R L B H I N B H P D I N R L N W W A L
I E P L A B T E J N F O T I U C A S A
S A R T I S T R Y D W Q N I K T F A R
M R R X V T R F E D D O B O L P H Z U
A A Y B E I B W E V I D W B K L S C T
T X L E P K S N Y T M R D G P F A L A
I L W R P S O I S Q Y E E L Q N U D N
C S N G X D F E O B Y A E L L F C K O
G Q U T N E U R Z N T M M H T N C O D
W U P A R Q R Q D S A E M H H W J M T
L T B H U H Z N N V B R G W O F O E B
C A H U M I L I T Y F I Y V V T Z V L
P O E I R Z M I H E S C F A Z H C V N
O G U J E P U I B N S G H I F S P W A
I P X S C S Z P I Y F L U R W F R L E
```

## WORD LIST

| | | |
|---|---|---|
| ABANDONED WORKSHOP | CHARISMATIC | PSYCHIC |
| AMONTILLADO | DREAMER | QUESTIONING |
| ARCHER | HUMILITY | RELIABLE |
| ART ANIMATOR | INSIGHTFUL | SWEET |
| ARTISTRY | NATURAL LEADER | VISIONARY |

```
E O D F R E F O R M E D B U L L Y W W
I G B R A I N W A S H E D P M D W I U
A J A B O L E K J N R N E B O K A L W
V R S E S M S O B A X M U A L U C L E
E E G Q N B B E Q P C C R R O T U O K
M E N P O I F T N M H K K I B N M W F
W E F A M Y L O T O P V H S C A H H O
R T S G V N T T S O R T Z T V G T I O
B C N P X R K W E E R M A A W O R L T
K I A E R H E A W R M L I S X R Y L B
H T N P G E Q H O B C E Q E B R A P A
H S P H T A S X T O J E U A N A G S L
K I C B M K E S A A N I S A K Q G Y L
U D L T K I D L O Z E H E F Z Q R C P
E A B R K B K K B M T W W Y G N E H L
I S V U Y F Y G Q U A Q P L K G S I A
Q D E S N J Q H I J O C X Z K W S A Y
D B P T O A V V X J W D H Y D E I T E
E Q K I K H E S B B U T J I T Y V R R
B O H N U X T K A C B S X A N X E I E
K C F G E V E L A N S Y N O M E L C E
```

## WORD LIST

AGGRESSIVE
ARROGANT
BARISTA
BRAINWASHED
DOUBLE AGENT

ESPRESSO MACHINE
FALSE NORMIE
FOOTBALL PLAYER
HYDE
REFORMED BULLY

SADISTIC
SECRET LINEAGE
TRUSTING
WEATHERVANE
WILLOWHILL PSYCHIATRIC

25

```
F N J A H M I E T F V F F P F E O T Y
C Q R D J K L J I W L O L X W M A H A
V O G C X U A Y E B J V Y J N U R D L
G B R W I T C H C S G I D W A R L N V
Z U F E X U T R K A I C Y R S E L I L
F K O V D H Y M V O O W E V S R W D Q
U C H Q Z L V O D N O W G I J X B R G
N I X E P Z E A O E E K R C A N R J Q
C T L F S G L R J R K G Y E G H K M B
O S V D E T D O B T R L K Y W B I J R
N M H Q Z L E N Y T U A E B R E N N I
V O W B U N O R E O L P I Q U I R K Y
E O H A I I L G F D D L S X F A F B Q
N R C I T O N S Y R O M A A L H J F J
T B U O N A I K D B U Y I C L B Y I J
I G P F R G P G U R F M X G I X D B X
O N N T F U L X Q H K H P Z F T W A L
N I S F A M I L I A L G U I D E S Z S
A Y T K A B T T H T H R P Q M Z Q Y T
L L L Z I A C F X Y S I U O Q F D Z M
F F I V W J W D N P E N K F K M E P G
```

## WORD LIST

| | | |
|---|---|---|
| CAULDRON | HESTER FRUMP | QUIRKY |
| ELDER | INNER BEAUTY | STRANGE |
| FAMILIAL GUIDE | KOOKY | UNCONVENTIONAL |
| FLYING BROOMSTICK | MYSTICAL | WISE |
| GRISELDA | POTION-BREWER | WITCH |

27

```
Z W O I V X G D H O I B O N N V C O R
H P W D V D G R O L H M O X X I Y N E
U G M H B H X R S D M I W N Z V N G C
H F F J S Q M F C H T K U Q A L I U R
B U O X S T T T A A B R L D F A C P E
M S F R E G N D X G C T D S N R A U A
K R P M T L I A P B A A H S D G L S T
L A D O J U T J A N M A Q V C E T M I
I H H P T I N N B S P Y A Q E M M A O
J M W E T I N E M Z T P A B N O O D N
C A P N X J O A T L O B T Y T L R D A
G K A V K E T N A E A S Z W E E B A L
V U H U J R S D S T L Y O E N J I A O
I B B M I O L R T M E L W S A Q D R C
Z S E A Z A V L J E A C E H R J H O C
S B R G R I E W L W P K A R I J U D U
N C W E W A U P C D K U E H A J M U L
H D M Q X P Q V Q T J K Y R N G O E T
Y S B E I I W M S N F G H F Y L R U I
E A L L I G A T O R W R E S T L E R S
Q E V J E P J Q I R E K P G R J F B T
```

## WORD LIST

ADDAMS MATRIARCH
ALLIGATOR WRESTLER
ANTI-TAXATION
BATTLE AXE
CENTENARIAN

CYNICAL
ESMERALDA
EUDORA ADDAMS
FORTUNE-TELLER
HEXES

LARGE MOLE
MORBID HUMOR
OLD HAG
POTIONS MAKER
RECREATIONAL OCCULTIST

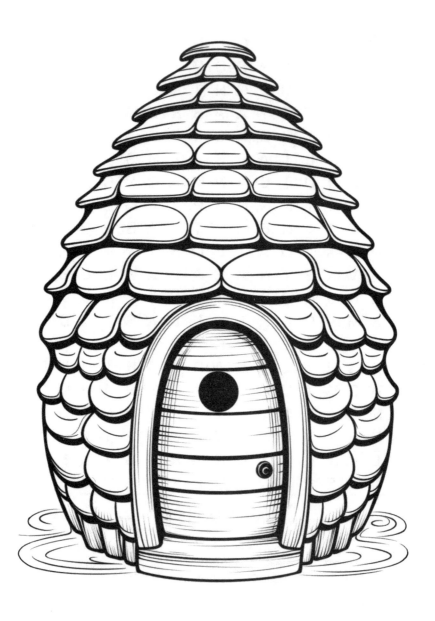

```
F E G T I B E T A N M O N A S T E R Y
U B C J S K Y O P R I S O N E R S L D
G F E C N R G P U N N U F G K C M H O
I O K E E R T C O N D U C T I V I T Y
T O D N H N T W G Z C N V E P O W S N
I G S B O I T D X E W Q F E S N E O V
V R I Y D W V R G U Y Z G X F V L B E
E Z L P Y X L E I S S K M Z V C E O X
R S H I F P U E S C K C R L Z N C E P
B E J A G S X M D H B X G I K A T I Q
T C Q H S H L N O G E F H V U R R N F
I R T Z K T T X M S E D Y C E Q O X S
O E F O U H U B B U L A W V F C K W B
U T R L L G S O U I T U B Z J P I Y R
C I I N K U O K M L F Y Q L X B N A T
R V I E I T S P V G B V B D E E E Z S
R E P L N X E A N V N B L S R R T Q Q
E S A A G Y J U J L B A G P I H I C I
I A P S S E K Z J Z B R Q O C P C I G
U N P R E D I C T A B L E D S Z S Q S
M D R P G W S O O T N M F Y T P I I X
```

## WORD LIST

| | | |
|---|---|---|
| BALD | FUGITIVE | QUIRKY |
| BEEHIVE SHED | KNOWLEDGEABLE | SECRETIVE |
| CONDUCTIVITY | KUNG FU | SKULKING |
| ECCENTRIC | LIGHTBULB | TIBETAN MONASTERY |
| ELECTROKINETIC | PRISONER | UNPREDICTABLE |

```
J L M M P K V D Y U I R B I I L C H A
T J S T O K P T X F D M N N R L Q J I
F C J D F H A B L B W L N E N M M T A
G D T C U T S O C X U T F X G D K M T
R T A O O F W Q H G R E D M E A T M E
Q Q A D N E C L A W S Y H N A I B M R
Z X I L N B Z F W W P R J B Z X R F R
K M W O Q Q U M U O W K Y J E X V R I
A V L U S L P C R E V C S I L V E R T
Z C B P L Q L H P K G Q K M C F K F O
M C I M C N T V H E C N D Z K A L K R
Q N O Y K N W O L F P A C K X N U T I
Y O P L A S F H F H J D W D L G P D A
N P R C B E O E T M H F I J X S E Y L
Z Q Y F I S H U N T U W N J S K N F H
G L Q C Z P B K Q H J I I J T B C U O
A S T U O G N I F L O W F L M I A W Q
G C N X W Y E R P M Z N I A D J G V W
T U C U I N G H N L X O K Q E D E W U
K E S A R Q M H B M V T K G K S P N R
M N K Q J F X C I A R Y H O W L I N G
```

## WORD LIST

CLAWS
FANGS
FULL MOON
HOWLING
HUNT

LONE WOLF
LUPEN CAGE
LYCANTHROPY
PREY
RED MEAT

SILVER
TERRITORIAL
WILD
WOLF PACK
WOLFING OUT

# SIRENS

```
U P O B N C L V J Z A T N E G A M V F
Z F I T O F Z R C Y W D S N S D M Z C
P O C V W S S E D U C T I V E K R G Z
V D W E B B E D H A N D S D Q O N W G
U C M P S I R E N S O N G P P I L D S
K M Q Z Q F I U P A K F E X T I E H P
O I A Q O N J G X P P X B N N C U M M
H H S N K Y R K U Y G I A N E N K E R
C S D Z I S C A L E S H N P O G U R A
F G P W Q P Q Q L S C Y T U H O Y M P
G W K E V N U V H N U I B K N S N A M
L D Y F L G U L E S V O J V Q U Z I Q
T S O N Z L L X A E O O R V L O N D G
D J A Q W R B M C T D U B E X D P O D
J E L X Y B L I E I I J N G G Y P I Y
A B L T F M C B N D T O Y D A N C M L
K H U S E Y Z Z Q D H A N V W G A W R
O O R U A X N G D Z I I U V P A R D B
U U I Q M A Q V X Q Y N O Q S K V I E
I D N B E W I T C H I N G G A D N E K
U K G J S H G M W R P S D D L I S T S
```

## WORD LIST

| | | |
|---|---|---|
| ALLURING | ENCHANTING | SEDUCTIVE |
| AQUATIC | MAGENTA | SIREN SONG |
| BEWITCHING | MANIPULATION | SOUND WAVES |
| DANGEROUS | MERMAID | SPELLBINDING |
| DECEPTIVE | SCALES | WEBBED HANDS |

```
P G G Y K V K A S Z C F M U G Q U Q T
F L K O L K H K P S S O V Y Y B D E S
H T I T T M Y A T P C S G K Y N R I L
X I X A C H R D S Y Y P U W G R R G M
A D D U V R I B Z M A G E O I K D I K
E D I E D F L C Z W H I W F N A Z I O
O M Q B O R Q Z G E R N Y R T I K L U
X L O E R U E L M D M I W Y L K M N U
V P R S N O S A A N N F U P R M S O Z
K V G J E E M I D G K P L A W E Y Y J
S F J U N U I S Z F Y S D P T A M U T
S T W J U M R C F G U O B T G L O M V
U L F S G O O G U H H L L V U D S Q U
O E R L H R S P S G O I M J Q N F J H
I O Y L Y U I Y F M N R N N T A T V L
R R W R V W N M R G Y Z R T J H I J K
E B O N N G I L V Q A Y T I E D U R V
T G T W X Z S E N W F G I P D H O V G
S W P R D A T L P N Y I Z D B S U J W
Y J B C L L E N H G C A Z G X O J B E
M G Y M H F R L I O M F P S R N T I B
```

## WORD LIST

DARK
DREADFUL
GORY
GOTHIC
GRIM

GRUESOME
HIDEOUS
HORRID
MORBID
MYSTERIOUS

OMINOUS
SINISTER
TERRIFYING
UNSETTLING
WEIRD

```
E E N K R F E E U N E R L J W K Y K O
L J A G S K E L E T O N S T R D T G Q
P G H O U L S M P P N O B X B Z N Q H
I S Y F N O X X E H Q G V R C I I L T
P Y I L G R J K X A N A A N K D C C L
E P O C Y F L S X N S X T A K Z I W N
O O M K L U P B A T Z Q E E C O N J X
R L U P S O N P Q O D R O B Q M F T M
G T D T O P I P V M C E S D W Z H C H
A E M K H F D P J S Y E N B S Z N T H
N R Y V X Y A U Z N T M E O E B Q Y X
D G L N V E R C U I R I R R D W F O Q
P E F O J I K H R R O N R C I N B C F
Z I S I T K N A Y A Z P J I Y E A O X
L S C T P L E M Y I R S C R P T M B C
I T M I S W S G D G J S D I L S S W A
A S C R Z O S Z O I Y S C R E E P Y T
F Y L A P I H P W R O C Z L P M S O Y
D H X P F I C G U K L V G Y D Q H H Y
Y O Z P D Z G O N Z O S L Z S G L W R
P Y L A W V O K J X C H S Q Q K R C G
```

## WORD LIST

| | | |
|---|---|---|
| ABANDONED | DARKNESS | PIPE ORGAN |
| APPARITION | EERIE | POLTERGEISTS |
| COBWEBS | GHOSTS | SKELETONS |
| CREAKING | GHOULS | SPIRITS |
| CREEPY | PHANTOMS | SPOOKY |

# NEVERMORE ACADEMY

```
O L N C G X I K I Q S V H A B G Z U S
Y N R I S E A N C E S O C I E T Y K N
S I E J G J D T Q R C A Z W K L T I D
L E H V E H H K U P I C Z D L L G S U
S C C T E F T R O B G I H A V H C L I
E U N N F R X S N A A Q H L T S O W A
P U K S E I M E H K M A H S D O N H F
F I P H M I V O J A I W H G H Q C D P
K K T S M A C R R L D A M C M B E J E
A S A C H U I S E E D E S Z U O A M B
K J E E H N W H L E H L S L E W L T C
C G F D Z S P L S A A U C O S J E Q O
B A D J P O L L Y M C Y M T C X D T O
S E T D N O I A R R R I S M Z I R J L
Y D L T A B E O P E Z A N I E T E K K
K P K L R X N C H S C Y M A X R Q T V
Z W J A B A Q C U T C Y H X T H S N Y
J U R Z R X R Q U P B L T L V O L U M
W Y P A V A S O N J N S U E B P B K C
N L P N Y T J X M C K J Z B L S X G H
X Y T W W Z M I M Y S T E R I E S W Z
```

## WORD LIST

ARCHERY CLUB
BOTANICAL SCIENCES
CONCEALED
MAGIC
MYSTERIES

NEVERMORE HUMMERS
NIGHTSHADE SOCIETY
NIGHTSHADES LIBRARY
OPHELIA HALL
OUTCASTS

PARANORMAL SCHOOL
PITCH SLAPS CLUB
POE CUP
SAFE HAVEN
SEANCE SOCIETY

```
L O Q V P O U K U R N Q N V A V F W W
I S U L B D Z E M P A L L B E A R E R
H R E W C N V B U R I A L G T P V Y T
R S H W E O Q T I O E F E X G P O T J
D P O P T C N H V L H Q A R F L Y D A
V R G V X O B D Q H V F O R B M D R H
N E T R C B M T O Q S Q K T G Y I L C
C N N T I S D B U L C C J D D T Z F D
E H E Q R E D A S K E T M U V X V A G
M P M N A L F S Y T X N M P B T B X D
E D N M G K X Q T C O S C F T K M M E
T Y R O F V B T U W V N U E S U J S C
E H E R V C W L V V L N E E S W R A C
R A T T X P M U N U E M T W N A N S O
Y O N U Q E I B Z R C I M V E I M K G
K R I A L Q F V A B R J P H F P V O D
N F L R P Y P L J T O T X F R I O M N
N Q E Y B Z H O S Y C V O T E N Z W M
N P Q V O O J A D Z Q C N P N V W K I
H C M V M Q L Q H F R S M V D N J O L
F R N E J U F L W B E M B A L M I N G
```

## WORD LIST

| | | |
|---|---|---|
| BURIAL | EMBALMING | LAST RITES |
| CEMETERY | FUNERAL HOME | MORTUARY |
| COFFIN | GRIEF | PALLBEARER |
| CONDOLENCES | HEARSE | TOMBSTONE |
| CRYPT | INTERNMENT | URN |

```
S Q O B V F K P M Q S P P S I K E P I
D N H N D S A J M S T S U B N D R L M
R Z D Q E G O E O K G I P H V E R C D
H E D C A W J M O O Y J U Z O Z S O V
Y Y P N B R G I N O S D M V C T P N T
K H I W C A Y Q P B L N Q B A H G J E
W S Y B W A L M H L L P O F T G M U L
M U T S J J P A A L E Z B K I K R R K
F O J P T A Z G S E P C S E O C I A Y
Q J O H W D Q I E P S J A V N H V T P
I B N K O I T C S S A P N U A A E I C
I N A M G L T K B Q Y G O C L L K O G
Y D C L U R Q C C G K C G T S D C N R
Q O W C Y H I X H I W F M Z I K R J B
M Z C Q Z G Q M R E T S A P R O U O C
T O T N M R A C O P R S I M F N N Z N
Y P L U V Q C M S I D Y M V I V U S A
X G T W X Z X P P V R O V O F L S U G
V N C X D W F N S Z W E W B O Q I Y U
P V D J S W D N S L A U T I R R P A P
G E U D R T N M L U S K E W A K B I R
```

## WORD LIST

| | | |
|---|---|---|
| BROOMSTICK | INVOCATION | POTIONS |
| CAULDRON | MAGIC | RITUALS |
| CONJURATION | MOON PHASES | SPELL BOOK |
| FAMILIAR | OCCULT | SPELLS |
| GRIMOIRE | PAGANISM | WITCHERY |

# SALEM, MA

```
H N M Y Q Q Y W H I Z Y X X B T T E G
N A N V F B F U P C H M W X F P B D K
A T E Q U S F D A O M S E A V B I S M
H H W M Q C N O H R R P R D Z R H A Z
Q A B I U U F T I B E C S I U W Y W M
P N J E I E S L L I H S W O L L A G S
N I H B W Z S C D C X T R G N O N E B
O E T N Z I N U T N I A N C B T S O X
I L L X N A T I M C Z O G P W U V E J
S H L B L K W C T N I G D X O Y S H N
N A S S S W W A H T O B K H J S X E O
A W R G P A X I A E I E R Z E F E T H
M T I O G B L L T L D O G Y C W H I A
D H A V H S O E E C T S D N O C S T P
E O A B M M G L M C H O T L U T O U O
T R N J M D O W O C B T L A O D R B B
N N N I X R F R Y A O A R R T I L A N
U E G G P P P M E S H M I I T U I J O
A Z U T W P T P A M A C M A A K E B S
H F J L Y J U G L K A B N O X L I J N
P S P R X J R C P L H S I G N I S X M
```

## WORD LIST

| | | |
|---|---|---|
| BEWITCHED STATUE | HISTORICAL | PURITANS |
| DUNGEON MUSEUM | IMMOLATION | SALEM COMMON |
| GALLOWS HILL | NATHANIEL HAWTHORNE | TITUBA |
| HALLOWEEN | PEABODY ESSEX | WITCH TRIALS |
| HAUNTED MANSION | PROCTOR HOUSE | WITCHCRAFT |

```
O O I H H Z M J T L W L T T W W P E Y
K I A V W S C G Z S I I W I D H A T H
L Y O Q G L O C H P R S A A J M E E A
F Z M H A U N T E D P L A C E S H K R
G L L Y I S D R E E K U J V V E S R V
F F W M S L Q U T W G F D E C K H A E
O A L R N T H P K W U N R O Y Y A M S
V T F Q O Y E R I K S M C G Q O I S T
P G M E G J R R F L O D J J I K R R F
W S U B R L B O I N G T K N S S U E E
S E Y B N U H Z T O N R M Q W C B M S
T I A E P H T H F S U F I T A C C R T
N R K T O J T W E S I S N M T I L A I
U O P R H G G C E B E H E V W K P F V
H T W I G E R P T K T S N V E O F B A
H S M G L O R E J P E D E E E R R B L
C T N W W G W V I T C T S I D N P L E
T S C S O F R S A O L G W C M D T B D
I O H F V S Q I O N S S L A U R I S O
W H M L V S P J M C E P W G H V O H I
A G H C Z G H U G S X Z L O M I Y N R
```

## WORD LIST

CROWS
FARMER'S MARKET
GHOST STORIES
HARVEST FESTIVAL
HAUNTED PLACES

HAWTE KEWTURE
HIDDEN HISTORY
MYSTERIOUS EVENTS
NORMIES
PILGRIM WORLD

PILGRIMS
URIAH'S HEAP
VERMONT
WEATHER VANE
WITCH HUNTS

```
X O C A U S Q A R X C P G D C Z O B T
L N U R W C S Y W I K Y S O N L N A Q
M E T Y B X G W B S S S J J G J R M L
W C J G N I T S A C L L E P S O J I N
E R S X R O A F S Y H K D O T I S O Z
N O F N H Q T H R V W C R C G E I K Z
A M N C O R A E F K Y P A H L T M A V
A A G G E I C N B Y X R V L A J Y B C
F N P A C R T I N N D D X N D J S B U
Z C P O O H A A A S E C I D S E T A S
M Y F S Z A S Q T M X V X Z X Y I L P
N C V L I C T P O N I Q U E J N C A I
V S L I L F R N D D A R H G F C I H R
H W A P C A O Z O A I C X R Z F S H I
D A Y A Q L L Q H F N B N F M R M T T
Q M S M O B O X R U N E S I I C G Z U
A H S G E S G Y M G U N N X G A A B A
I R Y N G H Y K O I C J O K K T S Y L
P Z Z U P B C M S I C I T E M R E H I
V L E D R N X L I L I Y C J H K I C S
Z T E R Q U Z V A T A X W I B N R M M
```

## WORD LIST

| | | |
|---|---|---|
| ALCHEMY | HEXES | RUNES |
| ASTROLOGY | INCANTATIONS | SORCERY |
| DEMONOLOGY | KABBALAH | SPELL CASTING |
| DIVINATION | MYSTICISM | SPIRITUALISM |
| HERMETICISM | NECROMANCY | TAROT CARDS |

```
R Z E O M R E A L I T Y W A R P I N G
E J Y E B D S M A E R D C I H C Y S P
H E N F X S P J F M A D N E S S Y D Q
C Z Q Y O N I D N U J I D G I J C I R
A C A T E A P D Y Z Z F N Q H F N A M
E G L P P D N B I S A I Z W J P A A S
T U N A D A F P J A T I K A E I M C M
L M E B I W I R E S N B R W J W O Z S
A K A W D R X E A W X S C G Y W R W I
R C M E N C V C D U P A T Z I S I T L
T X W K G Y L O P I T X S O X V E T A
S K G D L L X G Y U V C K J N L N Z U
E L E R E K X N Q A I I N R E E O O T
C V U P Z H C I J N N S N K X J J N I
N A S P I A F T Q Q A C I A H C T O R
A C Z H N B T I X M D N E K T X O O I
Y U Z S M X N V K C E J O E L I K Y P
S V G D D A K E M S O Y S U Q Z O W S
Q R N O I T A M I N A T R A J R D N P
M A B T X D F S Y R T E M O H C Y S P
N O I T A L U P I N A M L A M I N A V
```

## WORD LIST

| | | |
|---|---|---|
| ANCESTRAL TEACHER | MADNESS | PSYCHOMETRY |
| ANIMAL MANIPULATION | OBSIDIAN STONE | REALITY WARPING |
| ART ANIMATION | ONEIROMANCY | SPELL CASTING |
| CLAIRVOYANCE | PRECOGNITIVE | SPIRITUALISM |
| DIVINATION | PSYCHIC DREAMS | TELEKINESIS |

```
M K I R G D T O S U S F T U P V B E B
Q S O O K D M U N Z A N S R Q N I I S
V S S Y I B A U R S O X A E B V Z R Y
U A Q A G A V K E B P G R K E C E C V
W L D K J O G I D M A A L Y E N T M Y
P C K V S A L Y H U L N N V O H F I V
A Y Q W R S X O Q G Q O S T G D A E O
C M H K J J I P H K I W S C M R B I S
I O P R C F T T E T P L G I B X I L R
F T B X V K A B A T Y O K U R Q V S U
I A H P Q E I C H H R M A S G G I I A
S N Z Y D D I O P G T O K E I R X C L
M A Z G O F P P O C P V P E P N E H K
Q J H F I G Y N P B P O W O E V I Y Z
C R Z R H P E L T V E K L H L R P T S
J L T M X I E Z Y A E A R V W U G C I
F E W Z O L W R E V I Z N C M D S C Y
P S J N V S C W S V G B P I C D J N U
T S E R P E N T S E C Y A V E X N L J
X O M E D U S A J R U J Q Q Y S O F S
S T O N E S T A T U E S M J P P J A Z
```

## WORD LIST

AJAX PETROPOLUS
ANATOMY CLASS
BEANIES
DEATH GLARE
GORGONEION

GREEK MYTHOLOGY
MEDUSA
PACIFISM
PERSEUS
PETRIFICATION

SERPENTS
SNAKE HAIR
STONE STATUES
STONERS
TURBANS

```
D I S R E K N I R D D O O L B T C O S
A X J A U G A R L I C A L L E R G Y U
R C F K B N E N U U P J G T Y A W B P
K O X E E K D H T R M G T G E Q B S E
S F S Z M S U E D V Q T B X V R P G R
U F S H D N L H A V T J Z H U Q D T N
N I N C A X F H X D F N Y E Q N F W A
G N A W A D G H I R Q D J X S T R I T
L S I T H U O W Y I M M O R T A L E U
A L R R S Z S W A B P F E N A R K A R
S E A I S C L E Y R C L F I Y A O N A
S E N V C N Q F C J L B Z K T L S K L
E P E O D P G R G E Q T T S W W O G Z
S E T Y J H O P W U O U N E I B S L F
M R N F B S K D J Y P E T L R W D E M
Z S E W S D T V K G D C R A Y P F Q O
X Y C E S H M T X O M D O P Y J O K C
C M S L G G W F O W O N W V P O S S B
D B O I U Q N W W S F F Z Q E V G L S
F J N A G P O A D T Q H L H P N N J L
G M L S F I K W F B S B G P V Q B T A
```

## WORD LIST

| | | |
|---|---|---|
| BLOOD DRINKERS | DARK SUNGLASSES | PALE SKIN |
| CENTENARIANS | FANGS | SHADOWY |
| COFFIN SLEEPERS | GARLIC ALLERGY | SUPERNATURAL |
| COVEN | IMMORTAL | UNDEAD |
| CROSSES | NIGHT DWELLERS | WOODEN STAKE |

57

```
S U P P R E S S E D D E S I R E S Q C
R E W O P N E D D I H A T F A Y X K H
R O I N N E R C O N F L I C T P K R E
M L R G B X E E X V N B Q I T T A Y M
M F T R A H E I B K F R L E R Y P E I
G Z L V O U E D C C X A P A F X D E C
F H C F C H R S W H N R N V T N N R A
Z D J F Y T L A Y O L S G T B I K R L
Y B Y C G V F A S P F V N F G P O K I
D E A V J S S R C O L E H M E T H R N
G U X N Z T E S R I V R A A A D E C D
U F P N I P I M R E G B Y R S G J V U
V V B Z T S A X C K L O E D U M L V C
E J P I O T H I C V C B L T G R N Y E
Q P L N I W T E J H I T K O M V G W M
T P P O Q A A T D L U T E H H Y T G E
S Y N Y M A U N L E A S H E D C M Y N
H V V U Y C H C Y P I K S S Z L Y H T
F D A Y O L T L M J H I I M Z K N S X
C R N B K D M U T A T E D D J W L P P
T L S T V M F V E V P X Y H P B V E E
```

## WORD LIST

| | | |
|---|---|---|
| BANISHED | INNER CONFLICT | SPLIT PERSONALITY |
| CHEMICAL INDUCEMENT | LIBERATOR | SUPPRESSED DESIRES |
| ENIGMA | LOYALTY | TRANSFORMATION |
| HIDDEN POWER | MUTATED | TRAUMATIC EVENT |
| HYPNOSIS | PSYCHOLOGICAL HORROR | UNLEASHED |

```
H  I  M  I  T  A  T  I  O  N  M  A  Z  F  Q  S  L  K  G
Y  B  T  B  H  T  S  Q  T  M  W  R  F  H  J  O  K  W  N
P  F  I  R  W  R  E  F  N  F  F  T  Y  V  W  K  N  R  I
O  D  H  U  A  A  L  I  I  I  T  M  R  L  Z  W  P  C  H
R  H  U  M  A  N  F  O  R  M  N  A  C  M  E  Y  I  A  P
H  Y  D  B  N  S  S  S  I  X  F  S  I  Z  L  D  M  M  R
T  B  C  N  N  M  I  F  U  R  D  F  M  D  X  J  S  O  O
N  O  I  T  D  U  Q  G  O  R  E  O  I  F  V  H  T  U  M
A  G  H  P  S  T  Q  W  Z  R  S  K  M  N  A  H  F  F  W
I  Y  P  W  W  A  Y  N  H  D  M  K  L  P  K  S  V  L  L
R  S  R  O  D  T  W  L  N  V  Q  A  E  A  Y  R  E  A  M
E  P  O  S  C  I  X  A  V  I  G  C  T  Z  W  S  F  G  Y
H  X  M  C  T  O  R  L  S  N  H  Z  H  I  I  N  M  E  J
T  Y  Y  E  M  N  Y  I  I  A  J  Y  M  U  O  A  I  U  Q
V  X  L  P  M  R  D  L  N  U  B  T  G  J  B  N  M  K  O
S  N  O  E  Z  G  E  G  U  R  W  S  K  U  P  X  N  I  S
C  J  P  I  L  G  E  L  I  D  I  U  I  I  Q  Q  R  V  O
R  M  Q  T  N  R  A  D  T  D  O  Q  E  C  O  M  B  S  W
M  E  T  A  M  O  R  P  H  O  S  I  S  I  A  K  I  Z  T
J  G  H  E  C  A  B  W  U  A  J  G  Q  H  E  X  V  A  K
L  C  M  C  N  O  J  Z  P  R  R  K  F  U  Q  I  I  F  N
```

## WORD LIST

| | | |
|---|---|---|
| CAMOUFLAGE | IMITATION | SHAPE-CHANGER |
| CHANGELING | METAMORPHOSIS | SKIN-WALKER |
| DISGUISE | MIMICRY | THERIANTHROPY |
| HUMAN FORM | MORPHING | TRANSFORMATION |
| HYBRID | POLYMORPHIC | TRANSMUTATION |

```
A L E X I S S E L E R U T A E F L T I
T E R R O R I Z E R Q R B U O H B K A
K R V J N H B X K A J F T D D F S K S
N E K N U S E W Q P M Z Q W T A Q J X
F N B K R R Z P V H E A G A N V F O A
C A T R M P B S S A O B A R E P P O N
X S N Q G G T I P M F E L N K I U Z C
X I M O Q D L X F E C M U J C K D N C
A W W P N U H H S S H T N Y F R N Z L
I T V L O Y S W H B S D R H M Q D J Y
L S X H K F M A E E F G E C W G M I I
I C G D E F P I W P R S C N W J A F K
M X T W H E A H T L I P O T E K W J L
Z O H O L Z Y G M Y G K G N O M K A D
Z C U E S L B F A V H E N Y B Y M F K
L E S T T E R D S Y T P I C Q R V V T
X S N S H S Q O K E E D Z U O I E X K
I B A K W L B A E F N D A N L U I Y K
L H D O D S E X D E I O B X R P L W P
G M I A H P I S G C N A L Q Y S E B I
H P N N B W N O S I G S E V M Z D G T
```

## WORD LIST

| | | |
|---|---|---|
| ABNORMAL | GHOULISH | SUNKEN |
| ANONYMITY | MASKED | TERRORIZER |
| FEATURELESS | MOUTHLESS | UNRECOGNIZABLE |
| FRIGHTENING | NOPPERA-BO | VEILED |
| GHASTLY | SHAPELESS | YOKAI |

# YETIS

```
Z K R I X B C D N C I J L Z F G Q A F
L Z Z T Z L X D V P V E S N O W V Q X
N E E K C E U K Y R G B B W L J S N T
I E R F P C A E E E Z F S R H S U C B
U D Q O G F Z J N H L J P T A J N M Y
A Z S T L C H D N T U I W Y L I O G I
P Y Q Y J K P A J P B Z A S T U O Z O
D F B T Y W L A N R T L U X N L F D N
K L S E D K Z O S I A P E T O L Q B Z
I G N S A Y R H F M C A A O A I E B V
Y L Y I O S G M I A D I Z S A U C X Z
D S K P O X T H N L N O P O B F N E Q
A A W S Z S X L T S T H N L O I D A M
E G J T L N P E Y P Y P I R M E G M Y
T S M M J O V S Y W G C Y R I R H A S
I O D Q W W A R L I S Z N A N C Q C T
W A P F P S C S S L I R H X A E L T E
T M N P X T R D C D E R C T B J A C R
Q B E F J O Q R F J R R U Z L P H J Y
M J G B G R L V L D B Y N E E U X K D
P Y B B M M J U L C S U P K I W R F S
```

## WORD LIST

| | | |
|---|---|---|
| ABOMINABLE | FOLKLORE | MYSTERY |
| BEASTLY | HIMALAYAS | PRIMAL |
| CRYPTOZOOLOGY | ICE | SNOW |
| EXTINCT | LEGEND | SNOWSTORM |
| FIERCE | MOUNTAINS | WILD |

```
E B V T W M T S O H G D E X G I C G B
K M G Y S I X X X G H U V E X E P P L
W K H C V H T H H S Z I D B O A W O A
F C A I T N C C B Q B O L I H Z Q N C
R R D B N R J O H J A F C R L J Z C K
Y K N S S B I J O Z W X H T H P U D C
E B B D Y K Y C S S M R C O O A D W A
O L M Q T M E N K N T I S A R B U M T
L A C T A S O L I O U Y B Y H R E Y E
F W B N Z Q T K E U R Q A M H G O R C
O Q W Z B U P W C T P T L K K D V R O
X Z U V P M H K R A O I R D G M B M B
M J D Y U P W V E J V N R E F A Q M W
W Z Z P P U J O E L M A M E A X O P E
V P S U S M Y Y P J Y N O M K T Y S B
C N B Q V B Z E Y E O R L U F U J D A
E B A U D J S B V B E K X T B R R F W
J N Q Y I T M A H D Y E Q S U M F Z S
M N Z K A X R R I C I C J O X T T K R
R M U B V G P P G A J D X C L K S H T
Y U B D C V S Z X E F T I E X N U A N
```

## WORD LIST

| | | |
|---|---|---|
| BATS | GHOST | SCARY |
| BLACK CAT | GRAVEYARD | SKELETON |
| COBWEB | HORROR | SPIDER |
| COSTUME | OCTOBER | TRICK-OR-TREAT |
| CREEPY | PUMPKIN | WITCH |

```
O R I T U A L S D B V G I V N O S N F
G F J U H I L F L P T E I N M U K S O
T I N T R I G U I N G G P Q H C M U E
N M H U S F D J P U I K F G V A A R S
Z Z P Q C N A W I L J Q O K D Y J E G
O J W J X A A T X J D E U D H P Z S S
A K I U L E E P R Q N K A P C K Y G E
I E P Q S R N W T A R Y T C I W H D C
B F V R W T V I C W D Z Q Q F J A N R
W I L L O W N R G O I F E Y D H S J E
C N S W E T A E O M T C X S S Z Z K T
W C J L F V E G V A A R E E R S I B S
Z X F M P Q U C A E P T M W U H S G O
C E S Z G I H B T O L E I O W V M A C
G I Y R A R B I L O R A I C G K N J I
Z U R L N U Q V I P R R I K H N G X E
S Q G E E B O J U H E S W C H G S M T
R A X F T T J S N T M J S G O J P S Y
H R D V H O L H S Y D P I M E S Q E C
E R N L E R S Y F Z L S X S A K K V P
S K N U R J M E H F Z Y P B U I P H V
```

## WORD LIST

| | | |
|---|---|---|
| ARCANE | LIBRARY | SECRET SOCIETY |
| ENIGMATIC | MYSTERIOUS | SNAP TWICE |
| ESOTERIC | NETHER | SOCIAL EVENTS |
| GOODY ADDAMS | PROTECTORS | SUPREME SHADE |
| INTRIGUING | RITUALS | WILLOW |

# DEADLY ANIMALS

```
B I I R P Y G J O V F P R E D A T O R
Z X F L S U O V Q C O F Y Y G Q P M C
J U A A E H D O D C P E G N Z Y R F R
A P T G W T C B P D S Q B T W S I J H
P R A J M O H C V Z H K C B A S Z N X
R Q L W V G H A P W V N U V I L S H C
V Q A T R E J X L O I U A A A N P X D
B R T X U J N N J T I G S G U G E L R
J W T U G A H O S X E S G S G N A F G
W X A W B Y P N M F O R O M Y M F U G
Q H C A T E I V E O E C A N G U E D E
J L K F F R I R S S U N U N O E M Y B
N C L N E B O P S P E S C K S U E W V
R C A L K C R I D A F Q D V S L S Y O
Z M L R I D V C T J I Q Q C X L R C W
Z I G O N E N E Q I E L S J Z T A Z W
K B U M K I R O H W R Z M H L R V H T
I S F F W N V T H C C H F W N A N F H
H C Y C P N K O Q J E G R A T J Y K Y
U U W D A N G E R O U S G W Z K J R H
Q J D V E E C W M E P E J L V V P G G
```

## WORD LIST

| | | |
|---|---|---|
| AGGRESSIVE | FATAL ATTACK | MAN-EATER |
| CARNAGE | FEROCIOUS | POISONOUS |
| CARNIVORE | FIERCE | PREDATOR |
| DANGEROUS | KILLER INSTINCT | SAVAGE |
| FANGS | LETHAL | VENOMOUS |

71

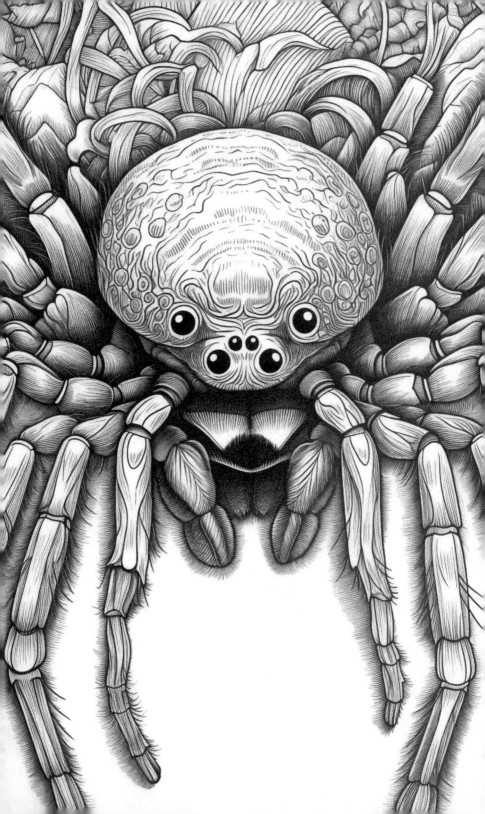

# CREEPY CRAWLIES

```
O N A R A C H N I D S D G D Q B H O K
W Z X L Y S N B Z G A Y H O R N E T S
Z V V J E W A S P S A J C C A B K M D
B N W L G Q V S Q O N W I Y D A H Q Y
X S S T L A U P T V T W O A Y J I W M
U B Y G I J B Z O B S G U R J S F D Q
T G W J M I V E F P A I C R M I P I P
S R Q A N F S A M C F C J O Y S B R R
E C K Q Y P A R S E L T E E B I S R V
F G O M G O J W T O O F G T U E O A S
K Z U R S L F I G I M M Q L H V Q M P
T H B J P S I G Y H R W U C M E I C I
C Y X B T I P S W U D V A I W L T E D
L S X U T T O K N P D O Y I L D A N E
M C F I K L H N C B R I L I T F V T R
B M C M D G K F S K G R P H N V D I S
B K A G P X A M C C X E M W Q O I P D
S V Y A R P J O Q D D V Y L K T V E P
X F Q S K S C T H E B F L E A S F D R
B F Z H S G L H S Y E C H B O G F E C
G F Q K U E R S E Q V U V Z N S A S Q
```

## WORD LIST

| | | |
|---|---|---|
| ANTS | EARWIGS | SCORPIONS |
| ARACHNIDS | FLEAS | SPIDERS |
| BEETLES | HORNETS | TICKS |
| CENTIPEDES | MILLIPEDES | WASPS |
| COCKROACHES | MOTHS | WORMS |

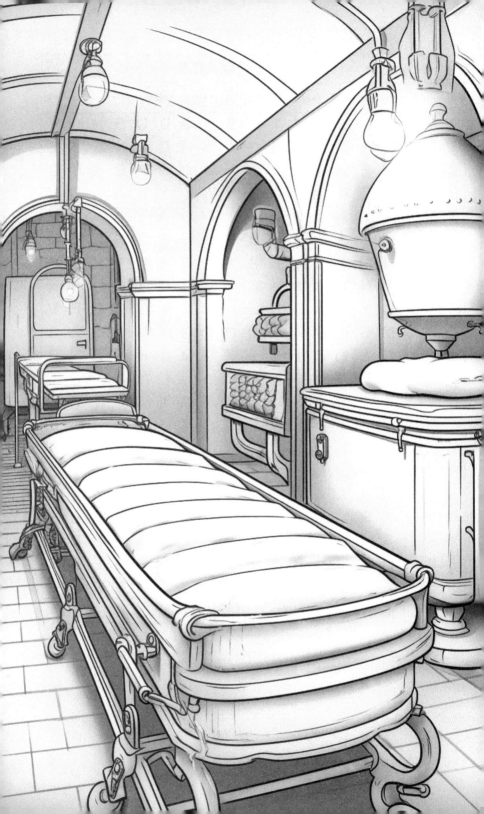

# MORTICIANS

```
C V J P M A P A L L B E A R E R F T N
X T C U P I P C E M E T E R Y V M K T
I E S V T K Y E L Y B H Z K M M Z B D
X T W E M P N J R X M U O H Q C V L N
M O R G U E F A Y W P Q R D L S F M W
B I P S R A U N J C R E V I G U U W K
M H B T T T C N K N Q J K I A N U X A
A Y U I R H Q R S Q A B W L D L H F G
W G L O Q L O F E X M G I E D N E N K
E O M A E P O R F M R V R V P S I Y X
S T G I R Q R S K Z A T H L Y M R C N
D C B E P E V V X F A T I E L I V S J
A R O A Q R N P A K H O I A A J D S K
E X Q F A F I U E C T K B O W Y E L E
B Y U W F G D R F H Z M O W N O W F S
Q O W R Y I F M M A E A Y B H R H U R
J F M J K N N W O P L V G G F R N C A
L N A A S U D Z N E F M R G G X P N E
S N Y H M W Q A R L W G I I U E G Q H
G W G E I X L E U N U O E L E T W K M
V I S I T A T I O N D E F V Z U N Q Q
```

## WORD LIST

| | | |
|---|---|---|
| BURIAL | EMBALMING | MORTUARY |
| CEMETERY | FUNERAL | PALLBEARER |
| CHAPEL | GRIEF | UNDERTAKER |
| COFFIN | HEARSE | URN |
| CREMATION | MORGUE | VISITATION |

```
S M T I N R O Y H K D J P W K K Q U F
E M U B W N C L I M A T E C R I S I S
A U O K Q T B T A Y R X R J I V I E T
D L I K L L W V Z A K G M Y N S R X P
I M T C E N D A N H M C R Q L D I T L
L T W E H M A D I H U O U H K J E I A
T S M I R D A I A V S W X C E U A N T
V O X U V N P C R N I P I C K G Z C F
P L A U N N A G H N C T X Y E A V T O
W L P K L W W T E I S E O M K C I I R
Z F S Z B Z Z O I P N G F C E C C O M
M F T W U M N D I V O E U L E S A N B
W Y T V A L A L X T E S T S O L J E O
B H U A I L K L H C D F T W I O O F O
U E W G P C Q I B O V A A X F A R F T
N F H C A T C O O H T X P S C S K E S
G T U L C G N L T U O Z L U H B V C N
S Y B S L R B A E K Z E J C R I U T D
J Z O A B C J B L A C K L A C E O Y G
N H M I M M O A I R D C T H M G E N P
J M B D A N C E N U M B E R B V Z X H
```

## WORD LIST

| | | |
|---|---|---|
| ALTERNATIVE FASHION | DANCE FLOOR | ICE STATUE |
| ANNUAL | DANCE NUMBER | MC BLOOD SUCKAZ |
| BLACK LACE | DARK MUSIC | NEON LIGHTS |
| BLACK LIPSTICK | EXTINCTION EFFECT | PLATFORM BOOTS |
| CLIMATE CRISIS | GOTHIC GLAM | SMOKE MACHINE |

```
W P O W E R L E S S J E A R J N B O O
X L G Q T E N T G I R S W V J V R W O
P B K P A N X O A W Y W R U E T B X U
P Q S U O W H F M C F Y X F D R Z A M
T B T R M R L I K M T X D P Q W A P A
U U M L D A Q J I I O P E O R E Z G O
Y A J K C M O U M Q D C N Y U W V G E
L U S I A S O R O B L K O I E J L R I
K B P T R U O R M S R J T E F J S E B
L Y A D A F H E T X L N S T E G Q G Y
T T F Z N T Z Y W A O E K I M D T U A
S F R O K T U R N B L G C X S M P L U
W T C A B D N S L P G P A Y F Z D A L
A J N T D Z L E Q B Z O R D I N A R Y
O F W U Y I W W S U R L C T B R E J E
B M O P H A T G Z D O G H R K R W L Y
N D C H L H Z I Y O Q W P K Q C D U B
B M B K Q J C Y O S E D E M O X L R Z
F K E Q N D I T H N Z N S O P T U F P
J R F E F F H A I D A N O W T C Y E F
H U M A N C U O H W Z L J Y S Z K Q S
```

## WORD LIST

AVERAGE
COMMON
CONFORMITY
HUMAN
JOSEPH CRACKSTONE

MORTAL
NOBLE WALKER
NORMAL
ORDINARY
POWERLESS

REGULAR
STATUS QUO
TRADITIONAL
TYPICAL
WITCH HUNTS

# CORONERS

```
J J B K N A T U R A L C A U S E S U U
A R S V X Q N O I T A G I T S E V N I
R L H Q Z D K I Z B E B C D G H U G E
M O R G U E E S O P P X N L A F R K Y
S Z J J P I U C I K X T S D B L R T Z
X F I R G D J E O Z P J E N R O X X W
Z J Q G J L W F G M C A O M G W J B I
T N E D E C E D D C P I T T G Y F X K
M Z G W D Q L Y R E T O U H E O D Q H
K J E V A X R S M A E P S H O K K U Z
C K Z J U B G O M S O V H I U L Y E H
L L C F T O D E W S I D N C T M O T F
T L I N O S R O T I T X B T M I A G V
T I Z F P C U M U Z U Q T U P E O R Y
R V O N S A O Y A J H N Y X D N S N N
E I L Q Y R S J G Q P V S W U R Y F N
V D F E T A V Z T O X I C O L O G Y O
Y I R E N I M A X E L A C I D E M T S
Y T M N J A O A F L T B X X H K E A P
Y Y R I G O R M O R T I S Z H L F I Q
L V U H X S O L S C I S N E R O F L K
```

## WORD LIST

| | | |
|---|---|---|
| AUTOPSY | FORENSICS | NATURAL CAUSES |
| CREMATION | INVESTIGATION | PATHOLOGY |
| DEATH | LIVIDITY | POST-MORTEM |
| DECEDENT | MEDICAL EXAMINER | RIGOR MORTIS |
| DECOMPOSITION | MORGUE | TOXICOLOGY |

# PILGRIM WORLD

```
R Y R V O N V F E E D B J H M X N K L
L Z C U I W V A D I S F I Z P T U B Y
F A W H D Y H I T G S E D Q N A J R Z
H I S O F J C I E T P O Q U G G O W D
P R J G G O E W T I R C N O N T O Y U
A R Z V N P W T L E N A T A S L E O S
C R B E F X V H H K W L C I Y O A T E
A O G E Y M Y E N D U A H T L U C Q E
C F A D J D E M M B T N S D I A J Y B
A S C K D V Y E J S A A E H F O C S N
O X Y S P O Z P T C I F S I I J N G S
B T U R S D F A I I U L T T D N M E O
E K N E E E W R R D N R A U O E G S M
A Z V E V C E K G P A G T I B C U U M
N D K T M M R E L R J P H O N U K O K
S D Q N A E R E C X C Q M O U O D S X
B E I U R Y L O A R R W K O U R L J N
N G D L H D P T M T Z G V I N S I O C
I H D O H B E E T Y I F B O G S E S C
X B U V K M Q R K E U O S X D E Z W M
H Y D O Z Y X X W O S H N D J Y H H W
```

## WORD LIST

| | | |
|---|---|---|
| AMERICAN HISTORY | GENOCIDE | THEME PARK |
| ARTIFACTS | MEETINGHOUSE | TOURISM |
| ATTRACTION | RECREATION | VOLUNTEERS |
| CACAO BEANS | SETTLEMENT | WHITEWASHING |
| COLONIALISM | STOCKS | YE OLDE FUDGERY |

```
E Y H A Y G A Z C S M L I X T T P Q R
Z Q Y I A K C A B Z P Y V P D S X M Q
T X A G X E R E M O H L A Q O D V E V
K I F W R A B G G N R O M P T C Q M
T N S V D G B C A X I Y H J R N C P P
Z Q U Z E L D A W S I S V B J K U O A
Z E T Z X V J W T U F F A U H E Q X K
Z C S L I I F O S F V L P P L P F T W
W P R O P K T O N P L J Y K I T A Y P
N Q M J C L Y A U I I H J R X K U F H
T O Z W E R T G G D Z D A W Y G A R R
Z X M J S S A A Q F S N E T F I E M E
E G L I I W T T R T H F T R L D V O G
K D V R W O H O E A T I H A W M N E E
D K T O R E M V C S K D G K J G F D Q
Y S K T S R V X T H R Q C Z H Z L X J
Y L T R F K S O B A O T O K U O T D J
I Y F E Q O F Y R M Q D P N S J F W N
J V Z U B G G N J N G U Q I K P Z Z O
N G N M Y E T Z W S Y S N Q Q P S Q K
C Y D O W Y R R Y U S K D M D V L V Q
```

## WORD LIST

| | | |
|---|---|---|
| ALI | KITTY KAT | SOCRATES |
| ALLIGATOR | MUERTO | SPIDER |
| ARISTOTLE | OCHO | TRISTAN |
| HOMER | OCTOPI | VULTURE |
| ISOLDE | PIRANHA | ZELDA |

```
Z M Y U G W V S I E A Y P T R Q V B Q
F O S A Y A B S H D U K N L I G R A Y
X D Z H Y T T N Z A E Q R N S T W A H
C E L B N C Z U P R P A S B U M M K P
O L J M A H X I A E M E L E A J L G C
J C O B D F J D S D M D S I U Q Y K Y
A I E A C U U V S L L Q E H S T M J Q
J T L U S L D X I I J E B T I T A H Y
O I P I S E Y M O P C K K O O F I T P
P Z J O Z Y G U N S J Y N Y M V T C S
F E E P A E A V A T O Y D E R J E E O
K N S T K M R C T I W V G Y D N I D R
I I F I Y S L H E C T P Z Q R R F S S
U V P M H G A L P K W W D E V C A Z I
F K L I M G N U H B D V V C V A Y W L
N R R S L Y D Z W L C H H M E F Q S U
Q M I T L S S E R T S I M D A E H Z Q
D X V I O Z T V J L H Y Y W L F M R A
J D A C G H R F O X X S R C K S Z I B
S R A L L O C D E T A R E G G A X E L
S O L S T I C E T A L E N T S H O W Q
```

## WORD LIST

DEVOTED
EXAGGERATED COLLARS
GRAY
HEADMISTRESS
IDEALISTIC

JUDY GARLAND
MODEL CITIZEN
OPTIMISTIC
PASSIONATE
RED LIPSTICK

SHAPE-SHIFTER
SOLSTICE TALENT SHOW
STATUESQUE
WARDEN
WATCHFUL EYE

# BIANCA BARCLAY

```
W F B E J P I T C H S L A P S C L U B
I M A R N V Y E E P A C S E T L U C L
A A E U E N A J Y D N A R B A E I Y A
Z E I T O M Z P I N Q T K P L V Z R Y
B L A A S U L O M B J C E D X O S Z Y
D C H N K R O P A O I P Q F M V D I S
K U R E Z O T U C G R N D N K U X D C
C Z I U G F W L H V N N S A L W Q H C
O L D R P R H A I O P U I E O V A M G
E P I T H I N R A P Q V Q N C N Y C F
O V J Q Y L F O V M Z D A X G U E B P
P X I Q U Y U D E K C Z U E O S R Z C
O K F S C E P M L Y W U D C P T O E B
H Y R L A V I R L Q Q I N P M F A N G
E K X Z C U D L I Y D R A E N O M G G
Y E P S D W S Z A E D M A G A Z W M W
X S T W T N R R N H A C A F S V W C P
D N E R I S Y T E C A Z V R I O Z P Y
W E T D D Q I M S P I T D K D X O W J
Y W S L V T O S P A I Z T Q Z M G X T
P T A N Y C O M P E T I T I V E H T M
```

## WORD LIST

BRANDY JANE
CHANGED IDENTITY
CLIQUE
COMPETITIVE
CULT ESCAPEE

INSECURE
MACHIAVELLIAN
MORNING SONG
PERSUASIVE
PITCH SLAPS CLUB

POPULAR
RIVALRY
SCAM APP
SIREN
TRUE NATURE

```
E  S  P  Y  R  O  K  I  N  E  S  I  S  K  Q  B  W  O  Z
D  R  E  M  O  R  S  E  L  E  S  S  A  Q  K  H  I  P  W
Z  F  P  I  L  G  R  I  M  L  E  A  D  E  R  N  E  R  M
H  U  R  O  T  U  C  E  S  R  E  P  T  S  A  C  T  U  O
S  E  L  F  R  I  G  H  T  E  O  U  S  T  A  B  Z  T  W
Y  V  Q  H  U  N  D  E  A  D  S  O  R  C  E  R  E  R  M
T  I  Z  A  F  K  X  K  H  N  U  T  F  V  I  X  A  O  S
F  A  N  A  T  I  C  A  L  U  B  Y  Q  N  R  P  G  M  O
C  G  V  N  U  B  N  W  E  O  M  L  C  R  F  Y  O  A  X
C  O  N  Z  E  M  Q  P  S  F  K  C  O  C  Y  P  T  B  G
U  H  L  T  B  S  D  E  M  O  A  J  G  O  L  T  L  Y  K
R  E  N  O  X  T  C  E  U  H  M  N  I  I  D  A  C  O  P
S  D  M  T  N  X  E  X  S  C  J  T  R  F  C  L  P  D  M
E  O  C  R  L  I  X  G  D  I  M  Q  D  K  T  I  O  Y  Z
D  N  J  Q  U  P  Z  W  K  R  C  Q  H  U  L  U  A  C  Q
S  I  J  B  F  D  U  E  G  E  Y  E  I  H  L  C  R  P  K
O  S  Y  H  E  R  H  R  R  J  A  I  Q  D  I  E  O  Y  Y
U  T  O  M  G  C  H  I  E  R  V  B  R  H  H  D  E  Y  T
L  I  I  R  N  E  K  N  T  T  L  M  R  H  I  P  O  Q  M
C  C  S  U  E  G  B  E  H  K  U  O  U  U  S  Q  W  B  J
K  A  M  Z  V  A  D  L  W  I  O  Z  B  T  H  Z  S  U  G
```

## WORD LIST

| | | |
|---|---|---|
| BLACK HEARTED | HEDONISTIC | REMORSELESS |
| BLOOD LOCK | JERICHO FOUNDER | SELF-RIGHTEOUS |
| COLONIZER | OUTCAST PERSECUTOR | UNDEAD SORCERER |
| CURSED SOUL | PILGRIM LEADER | VENGEFUL |
| FANATICAL | PYROKINESIS | ZOMBIE |

# GOODY ADDAMS

```
W J S P E L L B O O K B Y B L B Y X Q
T K H U Y S Z S L I A T G I P L K F W
E P F O R G G H O S T L Y G U I D E L
Y Z K R R P A B D S C L C L Z Z X C S
R U A I A R Q Z T E D O Y L V C D X J
Y E I G V E Y H G R E D F N F U E A H
M V D I E T S E F T F D G G D R Y A X
T C X N N D H A Y S E Q J O P S K L A
A T R A U G P L S I N C F Z E E L U P
P R E L L O I I S M D D U D H G Z S L
S F C O Y Q F N E S E Y T E V I Y N C
X H N U B F A G R R R Z S Y R V U G T
A B A T E F V S E E U R M K C E G E G
G G M C T U E P C F V L H C P R S R N
W A O A X G N I R I H V B L U R E W R
O R R S G V G R O C N V Y M O E N H Z
B C C T Y T E I S U S Q M C S T X H D
L R E T L C R T N L R U E K R I Y C E
P J N D P X E W A T O U R R E B Q A M
V G D C G Y J U M F L Z R P V K C I S
A N A Y A K J T W B Y I K N E Z M E S
```

## WORD LIST

| | | |
|---|---|---|
| AVENGER | GHOSTLY GUIDE | PIGTAILS |
| BLUE CORSET | HEALING SPIRIT | RAVEN |
| CURSE GIVER | LUCIFER'S MISTRESS | SEER |
| DEFENDER | NECROMANCER | SORCERESS |
| FOUNDER | ORIGINAL OUTCAST | SPELLBOOK |

```
K P D E B B I E J E L L I N S K Y E R
F K R F K S G F G M P T R T E L J E X
H W T E N R S X N V M O W B G B N Q U
E D E C D M S S I C K L Y B L O N D E
L L D D T A M Y D F C K E B I W Z F S
I I F M D O V Z O P G G L T I L S V I
B H L C L I H E O F Q I U F P I V Z B
O C A O U N N V E G G C S B F N H B L
M T M F C Z N G X N O O M S D G O F I
E N I L I P P N R R I L K J E B W B C
F E N U F P H K T E I T U F U A V V I
I M G D E T Z C G M C N O E O L O R D
N E A T R T E B G E V E N L W L Y O E
K C R J J L V E B R A R P S L G B B S
L A R G E U R W Q X N Y V T M I N S U
Z L O T I N E B N R M K J B I D U F R
T P W D F R Q Z E I A Q W K S O O G V
H E S B W V E O T X R H J C Q Q N X I
A R A H J N T Y A P N C A O J G W A V
W G D Y B A B D E O I H C A T S U M O
N R G R L J L R H C O A E U Y U G T R
```

## WORD LIST

| | | |
|---|---|---|
| BENITO | FLAMING ARROWS | MUSTACHIOED BABY |
| BOWLING BALL | GUILLOTINE EVADER | REPLACEMENT CHILD |
| DEBBIE JELLINSKY | KNIFE MOBILE | SIBLICIDE SURVIVOR |
| EATEN | LUCIFER | SICKLY BLONDE |
| ELECTROCUTIONER | MAO | WEDDING RECEPTION |

```
N I E G O A J F J D Y N I V E F K K H
Z J Z L V L I S A F O R J B E I V L K
S E O N V B O N F G S N U G G L E R C
Q B D R O L D E A R N I B B L E R D D
M B M E H E F R C M Q F M M D K L E E
M A G K L B D C A L W R A C A I E A C
U M Q I W O Y H X M M L N C F W M K A
H S O B D C H I L D W A K E R T A T R
Y N E O Q C L P Q M D O X E I Y R J N
S X M N S W L E U U B P D L C U I S I
Q O R I T R K L O N E N W K A E E L V
K P R E N I E V P P O Q Y N N M A L O
Y N P Z D U E G B W A D O K S D N A R
B E L U C B F N R X D T Q L T O T B O
V P O O S A A N T U F D R V R B O T U
A O Q J U Q Q L C T B W B A A A I A S
T T H E B K E T L Z R A T Z N H N E P
C F E U Y N I W I O O E R Z G C E M L
A C L K O O E X M N O X E B L I T K A
V T I X M L C Q N W Y N W Y E X T A N
K B U G I U O Y G G Z S D J R Z E Y T
```

## WORD LIST

| | | |
|---|---|---|
| AFRICAN STRANGLER | EAR-NIBBLER | SENTIENT TREE |
| CARNIVOROUS PLANT | ICHABOD | SNUGGLER |
| CHILD WAKER | KOMODO DRAGON | WONDER WEED |
| CLEOPATRA | MARIE ANTOINETTE | YAK MEATBALLS |
| DANDELION | RED BALLOON | ZEBRA BURGERS |

```
T G G R E A T A U N T E S T H E R O Y
N Y A Q W O M I E F N K L N O F P Q O
I T W Z P X N W P R H V E X G Q A U M
U T B P Q K U H I J X B H J F M H O Y
Q T H I N G T T H I N G C D B M X P B
S S L O O M F R U M P Y A M M F B H I
A S D N R M W R N D U L A W B B B E M
P L F K Z Q Z Z C Z V A Z G Y H H L K
D Z F C Y R G O N N B Z M K A Y H I I
N O M H W L C O I F P E G L E G U A H
A R O D C D Q S O P M S I V Y R N O N
R J R R B V U R Z B D L N X O M V K L
G Q T A M O Z Z S I E Z G O L U Y W R
P C I E C O M X A D D R G C E P A P D
H X M B J M Y N X B H P F M B W B U M
M G E E X E D O P I A A J C E U W U X
H T R U Z R S K M B R N D W N E X H X
L O W L A H S T Z K E C T Y E W U C I
R B J B B S C R E Q M H X K Z K T Z X
H S C A Y P S Q A R T O X I E E P G U
X P Z G V M Y L Q R C Z Q Z R V M K A
```

## WORD LIST

| | | |
|---|---|---|
| BLUEBEARD | GRANDPA SQUINT | OPHELIA |
| COUSIN VLAD | GREAT-AUNT ESTHER | PANCHO |
| DELILAH | JESTER | PEGLEG |
| DIANDRA | MORTIMER | SLOOM FRUMP |
| GOOBER | OL EBENEZER | THING T. THING |

# CRIMES

```
M K V L J E V M F P E C F G V T U I X
E I V I F P Q A R T V C G F R J O N O
T D U E P W F R N S O W X S Q K B C P
D N I U C V I K C D T J G W W J W R X
Z A S U K L N T O E A A A S U T P I R
J P F Z M O I R R B N L L L B E J M O
O P S R Z O W E R E L W I K C L G I O
N I P E A O I A U R M A T S I R J N C
D N K N I U F S P U K T S D M N F A D
B G L X L B D O T T O K T P L Y G T I
H Q S F J E X N I R M V F X H N O I S
O Z E K B J Z V O O V H F X P E K O M
M A S K T V L X N T K M F H L D M N E
I S E R I A L M U R D E R V Y A L Y M
C V T T Z Q L A G J V N U U D R M I B
I G N S H B T O N I U N J B C S Y I E
D E Q A N F I L G H S C R L E O W O R
E N I Z S E X T O R T I O N S N J W M
S P Q M H G Q N G E D D M E A T J S E
T B X O G T U F A F F D F K B H Q F N
Y F K S G A F K M S X C T H E F T D T
```

## WORD LIST

| | | |
|---|---|---|
| ARSON | FRAUD | STALKING |
| BLASPHEMY | HOMICIDE | THEFT |
| CORRUPTION | INCRIMINATION | TORTURE |
| DISMEMBERMENT | KIDNAPPING | TREASON |
| EXTORTION | SERIAL MURDER | VANDALISM |

# THE GATES FAMILY

```
S M Z K T R W L R G D X D I F I E A B
O V P N V S E O L E H N F Q H V U Y M
R Q F B N U E S C I V H Z E I I M A U
L P J K S G L I U T H E W X E U R A N
Q O K G A D D G T R W N N Z X N V N B
K V B D D U N E Z A R V R G S A Y Y S
H P S S J I R Z V S S E L O E F D R L
G F B E N R H T Z A E M C T H P E Y D
E G R W A L F N K W Q A U T B T S T C
J P O G S I L G G Y N D H R I G C G H
V R Z O W X Z E T S E C D U I O E W L
D I A S Q N N B E F N F P L O N N B R
W X I R B O S L F K K A O U S U D S E
J C R A C K S T O N E K I D U T A Q R
W Q T I G S P K A M G E S E W Z N F I
E J D G E P P Z B E E D O N E F T N F
P A Q X W L L W M I Q D N H R G S X E
L S K C X V J F T K E E I J Q S N C S
W L A U R E L F T I K A N K X L F N U
X E D A H S T H G I N T G H J N S J O
U Y W V C X U G A F Q H J R V C S V H
```

## WORD LIST

| | | |
|---|---|---|
| ANSEL | GARRETT | POISONING |
| CRACKSTONE | GENOCIDAL | PREJUDICED |
| DESCENDANTS | HOUSE FIRE | RESURRECTION |
| DROWNING | LAUREL | REVENGE |
| FAKED DEATH | NIGHTSHADE | THORNHILL |

# ANSWERS

## WEDNESDAY ADDAMS

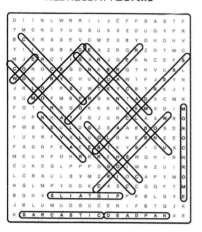

## MORTICIA ADDAMS

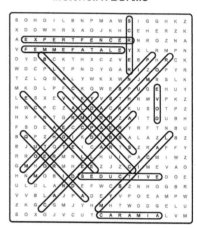

## LURCH

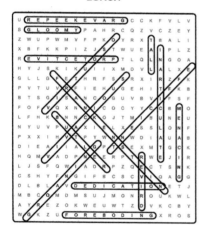

## THING

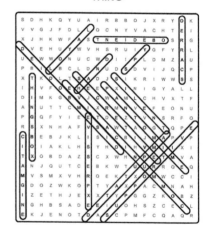

106

## ITTS

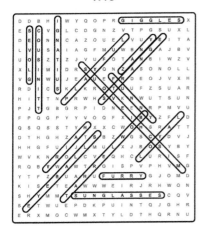

## GOMEZ ADDAMS

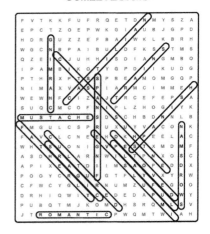

## PUGSLEY ADDAMS

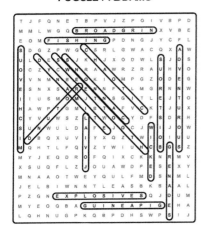

## ENID SINCLAIR

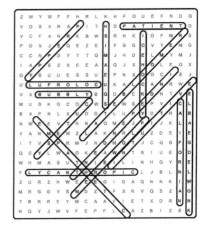

## MARILYN THORNHILL

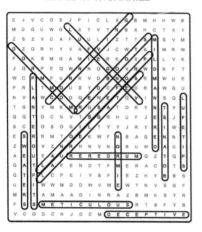

## XAVIER THORPE

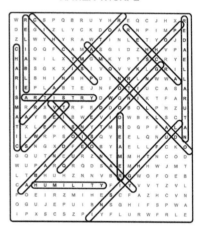

## TYLER GALPIN

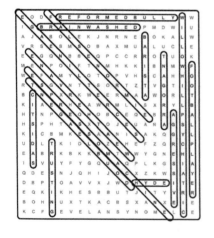

## GRANNY FRUMP

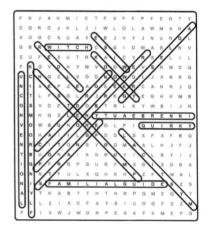

108

## GRANDMAMA

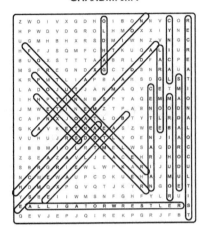

## UNCLE FESTER

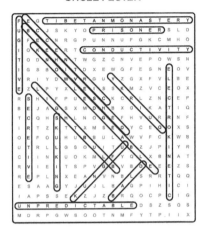

## WEREWOLVES

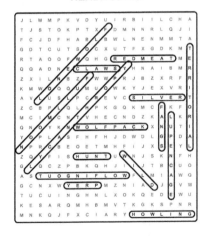

## SIRENS

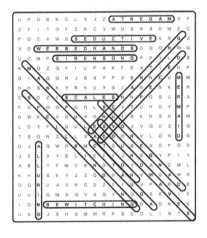

## MACABRE

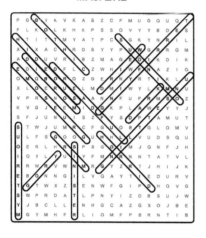

## HAUNTED HOMES

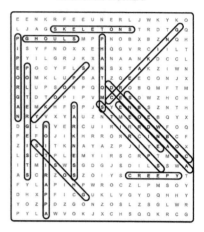

## NEVERMORE ACADEMY

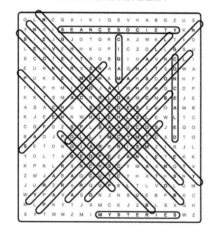

## FUNERAL INDUSTRY

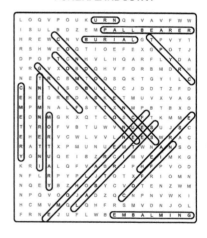

## WITCHCRAFT

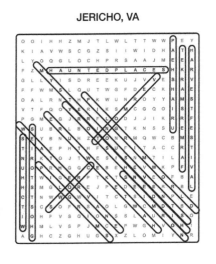

## SALEM, MA

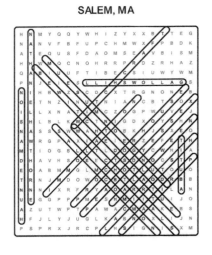

## JERICHO, VA

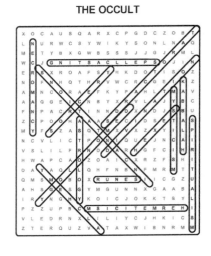

## THE OCCULT

111

## PSYCHICS

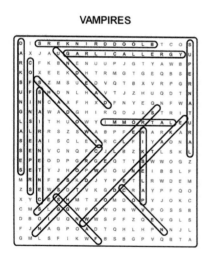

## GORGONS

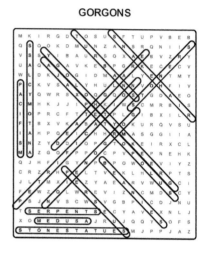

## VAMPIRES

## HYDES

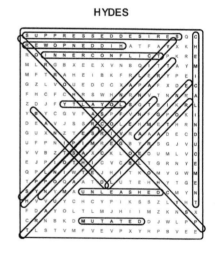

## SHAPESHIFTERS

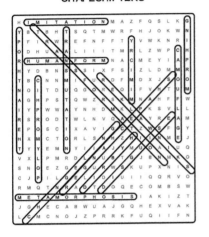

## FACELESS

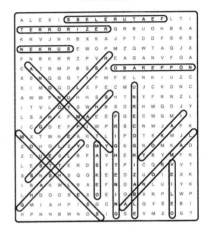

## YETIS

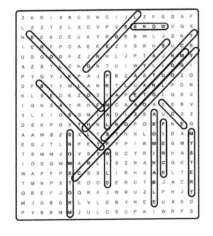

## HALLOWEEN

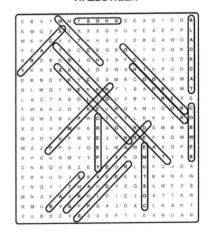

113

## NIGHTSHADE SOCIETY

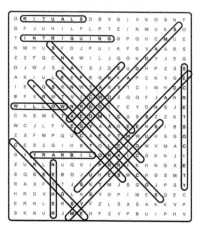

## DEADLY ANIMALS

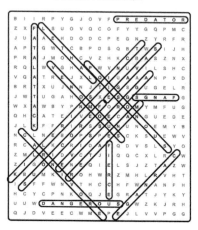

## CREEPY CRAWLIES

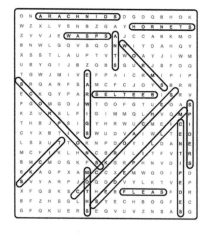

## MORTICIANS

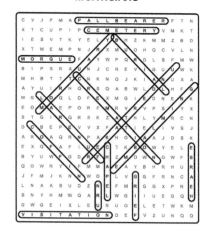

## RAVE'N

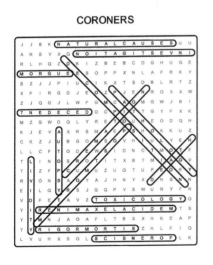

## NORMIES

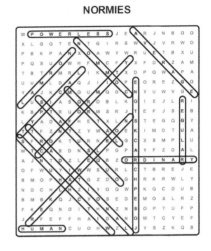

## CORONERS

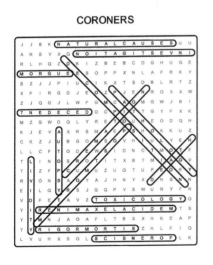

## PILGRIM WORLD

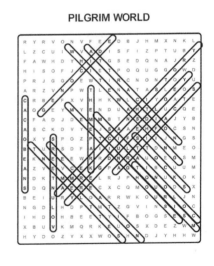

## ADDAMS FAMILY PETS

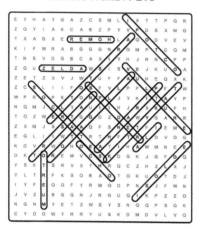

## LARISSA WEEMS

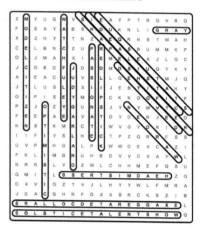

## BIANCA BARCLAY

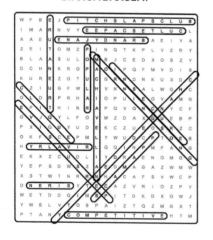

## JOSEPH CRACKSTONE

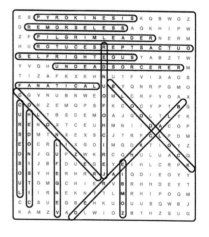

## GOODY ADDAMS

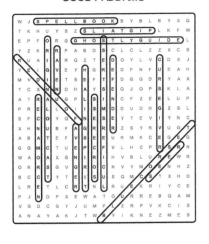

## PUBERT ADDAMS

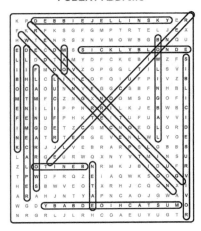

## ADDAMS FAMILY PLANTS

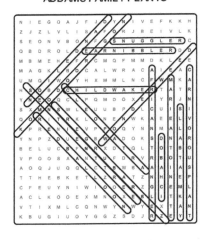

## EXTENDED FAMILY

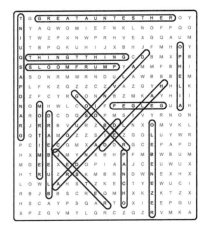

## CRIMES

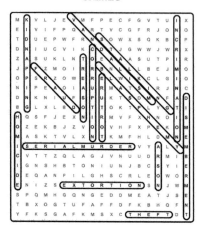

## THE GATES FAMILY

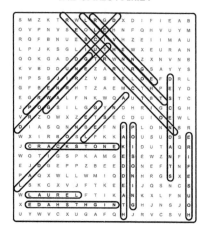